AF599963

JAVIER MATEO HIDALGO

ARQUITECTURA DEL SUEÑO

JAVIER MATEO HIDALGO

ARQUITECTURA DEL SUEÑO

HUERGA & FIERRO editores

Diseño de Colección: Huerga y Fierro

Primera edición: 2024

C/Sebastián Herrera, 9
28012 Madrid-España
Telf.: 91 467 63 61
www.huergayfierro.com
huerga@huergayfierro.com

I.S.B.N.: 978-84-128849-5-1
Depósito Legal: 13745-2024
Impreso en Romadac Industria del Libro
Impreso en España/Printed and made in Spain

Evoco el núcleo del sueño al fondo de la psique de cada uno.

El nucleus *indomesticable.*

Ma *para siempre no sonoro, no luminoso, no público, infotografiable, infilmable, incomunicable, como alérgico en su secreto.* [...]

Aquí no hay depósito legal. Aquí no hay baptisterio, sales, Te Deum. *Aquí hay el placer loco de perder todo porvenir personal en una experiencia imprevisible. Nadie mira a nadie en esta sombra donde se goza.*

Complementos a las ruinas (*Sobre la idea de una comunidad de solitarios)*

PASCAL QUIGNARD

Nota preliminar

El presente libro de poemas, querido lector, se asemeja a un rompecabezas. En su proceso de descifrado, la actitud de quien lee resultará fundamental, pues habrá de ser por fuerza la de un sujeto activo.

El título que figura en su portada contiene dos elementos relevantes para esta comprensión. En primer lugar, se trata de un volumen concebido a modo de edificio (*Arquitectura*), y no de cualquiera precisamente. Adentrarse en sus páginas supone introducirse en los muros de un monasterio o recinto sagrado. Cada una de las partes del edificio poético lleva por título el nombre de un elemento arquitectónico de ese tipo de edificación tan concreto. Los poemas irán, por tanto, asociados al ámbito que los contiene.

El autor parece narrar los hechos desde su propia voz, convirtiéndose en protagonista de todo lo que allí sucede. Conviene preguntarse si entra en el recinto de forma voluntaria o si es la propia vida la que le empuja obligadamente a ello. El destino que nos depara la existencia no siempre es buscado, aunque haya buena parte de él en las acciones que creemos llevadas a cabo libremente.

Tocaría entonces suponer si ese edificio o arquitectura secular representa la propia vida y personalidad del poeta. En algunos casos la respuesta parece afirmativa. Sirvan algunos ejemplos: los subjetivos temores a la muerte personificados en el Juicio Final y en los monstruos escultóricos de la portada; la actitud sosegada y contemplativa exteriorizada en el claustro y sus elementos naturales; el confinamiento como monje enclaustrado, consecuencia de una pandemia que nos resultará familiar y no tan lejana; las amistades reflejadas en los personajes de esa "última cena" presentada en el refectorio.

En segundo lugar, y volviendo al título, entra en juego el componente onírico (*del sueño*). ¿Podría la propia arquitectura del monasterio recordarnos a la morfología del cerebro, a su anatomía compuesta por múltiples pliegues? Tal vez "la construcción de ese templo", por cuanto tiene de simbólico, sea semejante a la edificación de los sueños, siempre de trama laberíntica. El narrador sería, en cualquiera de los casos, el habitante o víctima de ambas construcciones, que tienden a encerrarlo.

Por último, cabe añadir una última piedra en esta "ceremonia de la confusión". ¿Y si el propio poeta ha decidido *motu proprio* elegir ese encierro como forma de purgar su pasado? ¿No lo hizo San Agustín? Salvando claramente las distancias, parece que el autor iniciase su "recogimiento" tras pasar por una primera parte donde refleja lo "ya vivido". Nos estamos refiriendo a esos "Cimientos" que preceden a la narrativa de la propia vivencia interior del monasterio, unos cimientos que son en buena medida arqueológicos, en el sentido en que lo arqueológico se encuentra siempre debajo de lo existente, conformando capas pasadas de la propia historia. Lo que cimienta también es la base de lo que se ve. Es su soporte invisible y da sentido a lo que queda por encima. De este modo, asistir a la lectura de esta parte primera del libro o anterior a la monástica representa sumergirse en una serie de poemas donde tanto los temas como el estilo parecen hacer referencia a un tiempo anterior del poeta, a su pasado.

Desconocemos si esta serie de anotaciones podrán ayudar a descifrar el libro o, por contra, harán más enigmático su contenido. Quien aquí escribe se desentiende de toda responsabilidad al respecto.

El otro autor

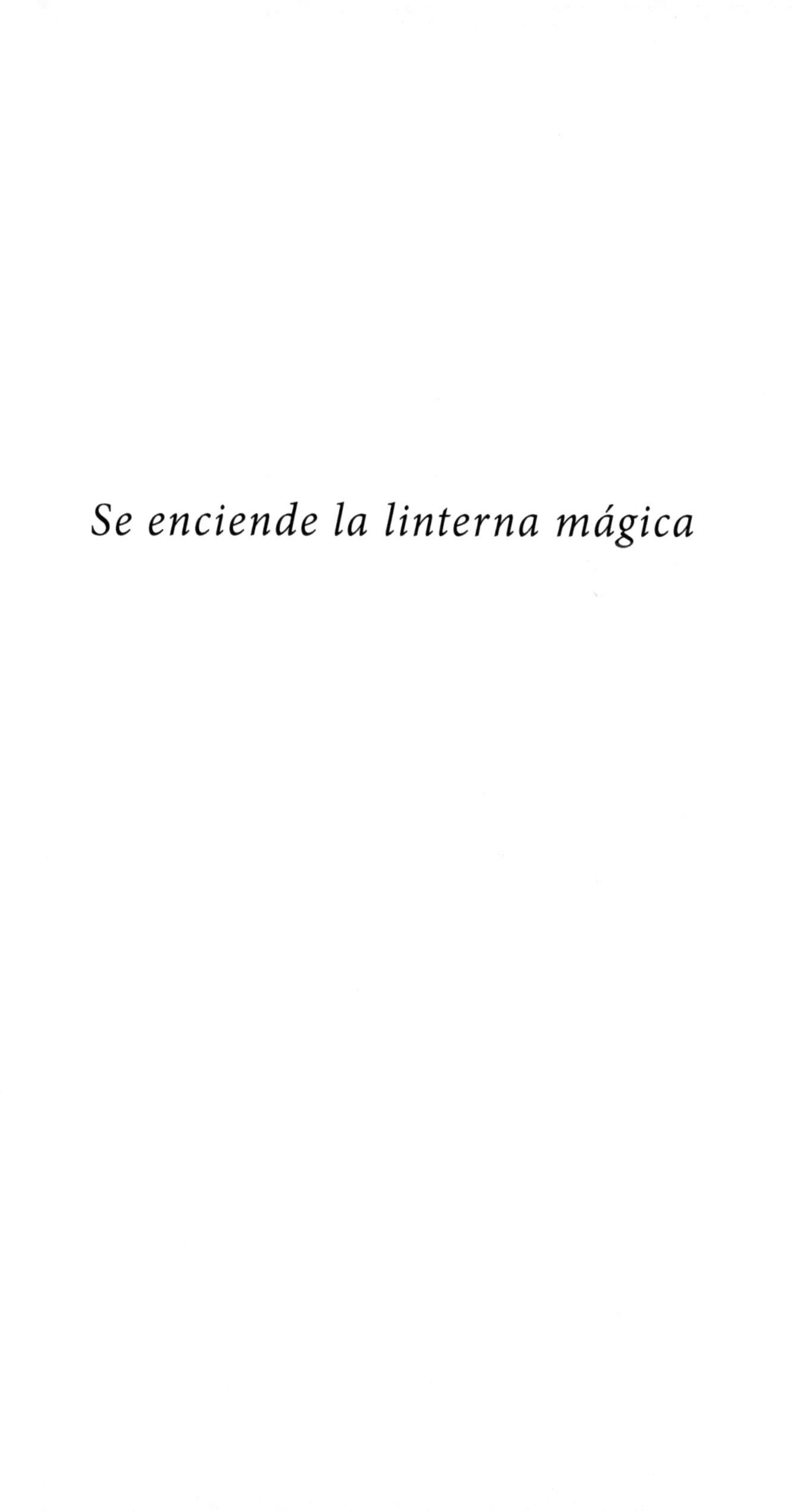

Se enciende la linterna mágica

A Carlos Aguilar

Olvidé que los anhelos y temores
permanecen dormidos hasta que
una mano silenciosa
abre la caja de Pandora que los guarda
y, cuando lo consciente duerme, reviven.

Te conviertes en protagonista, sin quererlo,
de un espectáculo de luces y sombras.
Como al actor de una película, te empuja
a un destino incierto, donde sólo quien te sueña
sabe lo que te aguarda.

Es por tanto mejor aliarse con el cine,
pues tiene la llave hermana del sueño
y, de soñar, es preferible despierto.

A Lone Fleming

Fue la mano blanca, huesuda,
la que me hizo gritar
despertando en la madrugada.
Tocaba en la puerta
y la tierra cubría su armadura.

Vinieron del monte las ánimas,
también despiertas —muertos
de un largo sueño—, encantadas.
Bécquer en San Juan de Duero,
todo lo registró la cámara.

Debí acampar aquí,
ruinas de un monasterio
que había visto en las imágenes
luminosas de una sala oscura.
Las conocía mi madre, cerca de allí
vivió con sus padres y hermanas.

Madrid y Soria
se funden y confunden
en esta física cuántica.

Resulta extraño saber tu propia muerte
en un guión escrito
aquí, al otro lado de la pantalla.
Los templarios templan sus espadas.

¿En qué punto descubrí
que podía ascender,
para en las alturas ver
aquellos muros de marfil?

Ballena sin Jonás
cuyos habitantes
te construyeron
justo aquí,
en mitad
de este sacrosanto erial.

Desde la cenitalidad
laberinto ser procuras,
dentro del cual
tantos quisieron perderse
llegando a la locura.
Ahora, sus tumbas pueden verse
como piedras de su arquitectura.

Miro tus pasillos,
pliegues de una
corteza cerebral.
Como si recorrieran tus estancias
imágenes muertas
que reviven en la penumbra,
impulsos eléctricos desbordados de sinrazón.

Soy el público que contempla,
en religioso silencio, el espectáculo
de esta edificación de nieblas,
vaporoso cenáculo
que enigmático encierra
este proyector de fantasmas.

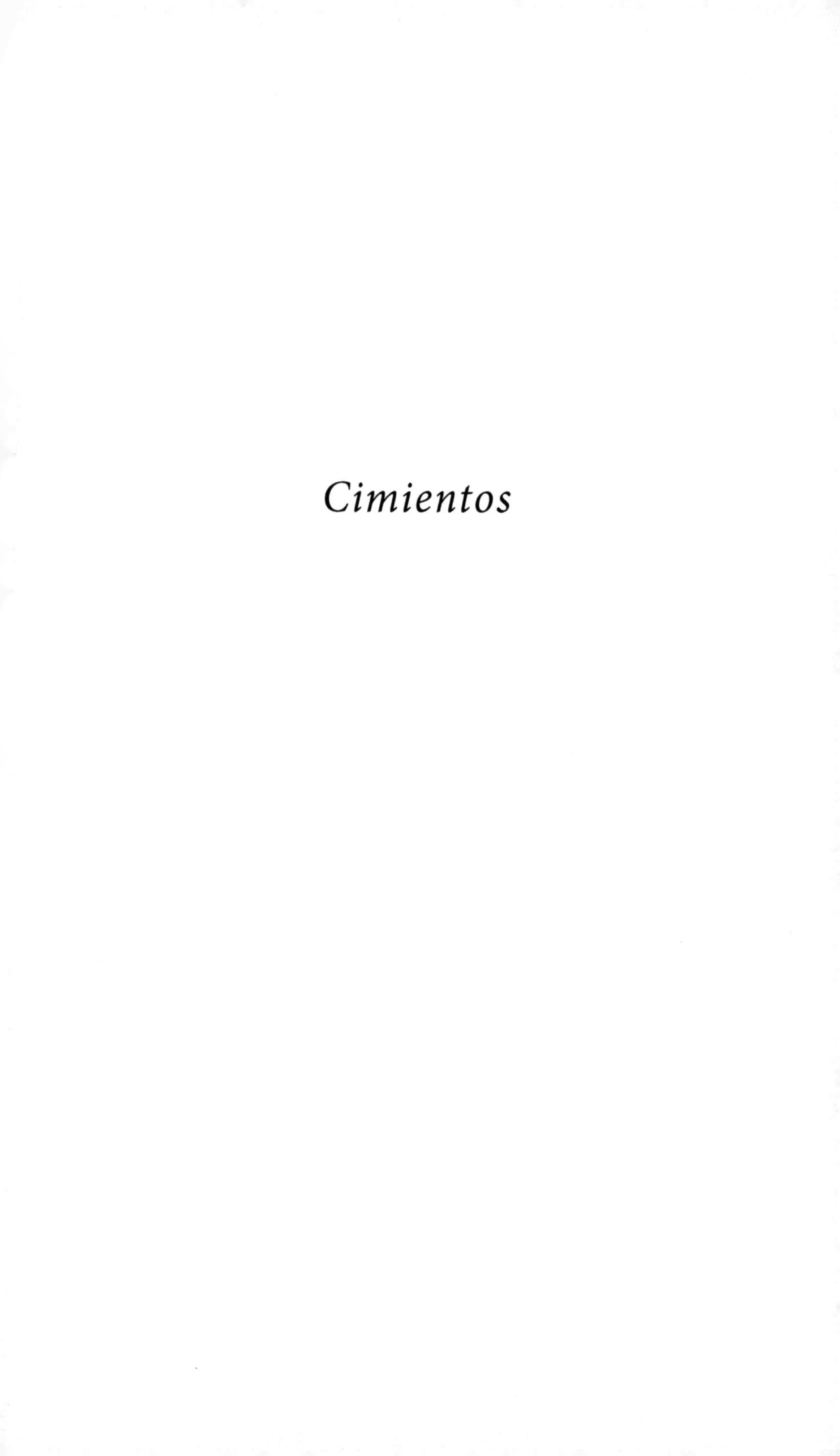

Cimientos

Debió ser aquel hallazgo
primera casa. Anterior
a la que ahora se alza,
allá al fondo.

Las mudanzas son necesarias,
aunque nuestros muebles
sigan siempre acompañándonos.
Los noto ocupar el espacio,
exhibiendo como tatuajes sus recuerdos.
Son los puntos cada vez más oscurecidos
que motean las paredes cada vez más claras.

Unidos, conforman el arca
que oculta mis vestidos.
Protectoras amenazas.

Picaban la tierra,
sin importarles dañar
su útero materno.
Su historia
(siempre pasado)
descendiendo,
buscando los pilares imposibles
que les explicaran.

Vasos comunicantes,
subsuelo húmedo de trascendencia.
El inconsciente vivo
en la perfecta arquitectura del sueño.

Caminando por aquella superficie
plana, pedí espacio para mirar
lo que habían desenterrado.
Todos eran yo, yo era todos,
aspectos de una misma soledad.

Antiguos mosaicos,
náufragos en tierra firme
asomaban,
igual que escombros olvidados.

Fui mirando y recordando
en su azogue de espejos
sus historias, como si yo fuese
espectador ajeno a todo lo pintado.

Antes de entrar la vi,
cruzando el río sobre las piedras,
mientras el Cancionero de Turín
resonaba en mi cabeza.
De niño tantas veces lo canté,
timbre de contralto todavía.

Vas por agua agora
desnuda y descalza
sin ver que los tiempos
pasan como el agua.

Desde lejos la miraba,
viendo, por vez última,
la desnudez, la suya.
Ya no somos niños
y me despido de nuestras adolescencias:
son sus momentos, ya, agua pasada.
Contigo aprendí tantas cosas
y *agora* me despido de ellas.

Me cubro con mis votos,
aunque me acompaña tu música.

La propia muerte
entre las ruinas de Pompeya
asomó, hipnotizando a Ingrid Bergman.
George Sanders la contemplaba,
intentando comprender, ser para ella
masculina fortificación, si bien al cabo inútil.

Osarios, embarazadas,
el *Eros* y *Thanatos* latinos
asustaban a los forasteros,
fríos en su idiosincrasia.
Ahora, a golpe de azada,
asomaba la verdad de la vida,
surgiendo de la sepultura.

Busquemos amparo en la nueva casa
que allá se levanta,
plena de románico, gótico y renacimiento.
Murieron también quienes la habitaban
en otro tiempo, no tan lejos… ni tan cerca.

Portada

A la entrada del templo
surge, sobre la puerta, un extraño alfabeto
de letras románicas horadadas.
Tienen rimas, forman versos,
verdades hechas en piedra.

Son sus monosílabos
traducciones de lo absoluto.
Síntesis de verdades que impresionan
aún, con el paso de los siglos:
"Dios", "Ya", "Fin", "No".
Sagradas, restrictivas, condenatorias.
Nos recuerdan nuestra
pequeñez
y finitud.
Niños atemorizados, leyéndolas,
volvemos a ser.

El fin del mundo
es este apocalipsis primitivo.
La caducidad y descomposición
hecha, paradójicamente, granito.

Pantocrátor atemorizador
de un Antiguo Testamento cruel,
decides sobre lo que tienes alrededor,
representado, claro está, más pequeño.

Dies Irae, trompeta final,
figuras tetramorfas que recuerdan
todos tus hechos.
El cordero inmolado
de siete ojos y siete cuernos,
los condenados a un lado,
los salvados a otro.

Dantesco espectáculo que quieren evitar
los que, al entrar
en el recinto sagrado,
olvidan la luz del mundo, sumiéndose
en la misteriosa y divina oscuridad.

Del latín la verdad dicha de espaldas,
lengua madre hecha pedazos.

Escucha a tus hijos cantar
lo que aprendieron de las piedras:

Ora et labora.

No quieren mirarse en los espejos,
ocultos tras la fría sarga.
No ven el paso del tiempo en su cara,
ni siquiera en las pinturas
que, idealizadas, engañan.
Sus surcos —los que hacen en la tierra—
son los del tiempo.
Sólo la guadaña del tímpano,
esculpido *tempus fugit*, de la llegada
de la muerte les habla.

También hay poética, vida
más allá de la penitencia.
Un pájaro pasea
por donde caminó San Francisco.
Él, que cantó a la naturaleza viva
y no muerta,
prefirió adorar lo que palpitaba
y no lo que otros pintaban en sus nichos.

San Agustín lo confesó:
había vivido
(sabía de lo que hablaba).

Otros y otras enterraban
el fruto de su pecado
en cruel forma.
Hijos que nunca tuvieron,
pequeños osarios, ahora.

Pero hay belleza, insisto,
no todo es leyenda negra:
mensajes en letra de molde
nos reciben a la entrada.

A Félix Maraña

Tantas vidas posibles yo quisiera
que no bastan los dedos de la mano.
Anhelos más que días tiene el año
para colmar la vida y la quimera.

Lograr equilibradas armonías
que alcancen las imágenes sonoras.
Ser constructor de líneas hermosas,
pentagramas, fachadas cada día.

No obstante y de momento me conformo
con ir imaginando los proyectos,
crear lo que será, aún sin fecha.

Vendrá ese día entero y ya lo formo,
apariencia concreta que protejo,
sabiendo su imposible a ciencia cierta.

Vigilia

Penetró la fachada, arcos apuntados
cuando la tarde anaranjaba,
pensando, imaginando
por un momento,
que toda su fantasía
habitaba el interior.

Gárgolas
y figuras de arquivolta
cruzan el umbral,
como peregrinos.

Mira hacia dentro:
ese es tu mundo,
aprende a aceptarlo.

¿Cómo la casa que habita un Dios
puede conformarse de arquitectura visible?

Materializaron su omnipotencia
dejando que la luz en la vidriera
tiñese de color el aire.

Allá, donde en otro tiempo hubo
gloria, ahora sus partes
—rosetón, arbotantes,
bóveda de crucería, contrafuertes—
hablan
del esqueleto moribundo del espíritu.

Los libros arden bien,
nunca como la memoria.
La biblioteca de palacio
—plena de pentagramas—
nunca sustituirá
el canto monódico
de la liturgia.

El cólera
se adueñó de la vida
y los venecianos
—ahora turistas del mundo—
quedaron a las puertas de la ciudad.
Sitiados, en una gran isla
que es el planeta.

Construyeron un nuevo templo,
pidiendo a su dios salud
para después poder abandonarlo,
abandonarle.

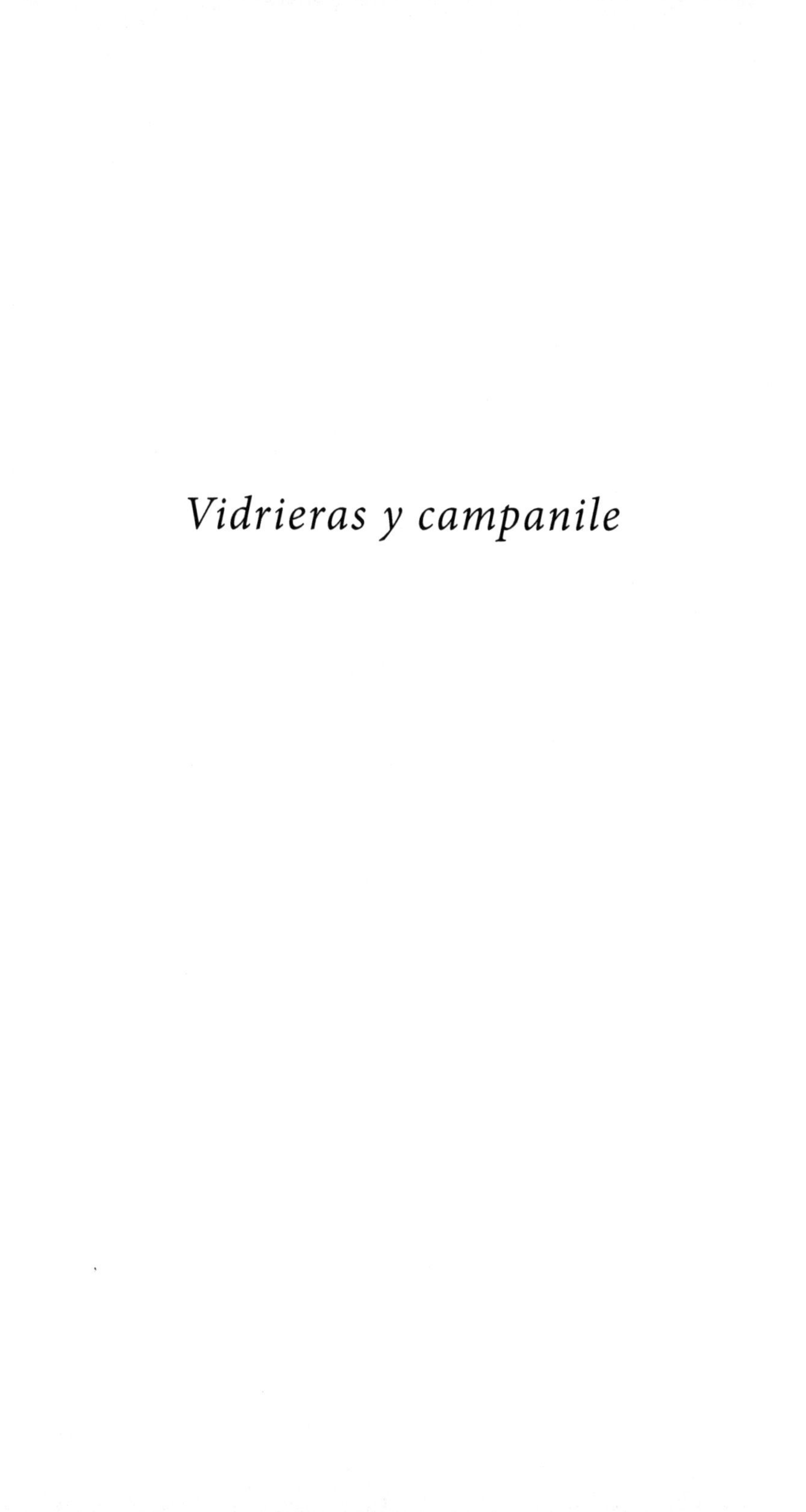

Vidrieras y campanile

Es esta presencia que todo lo inunda
la verdadera habitante no invitada.
Tiñe de impresiones lo que toca
hasta el aire y el polvo, todo lo filtra.
Desaparece por la noche,
cuando lo que me rodea se vuelve frío
y nadie parece habitar el mundo, nada.
La luz, en el centro de la adivinanza.

Imágenes fracturadas
componen este equilibrado
mosaico sacro,
sacra fiesta italiana que baila
y canta en metálica unión,
retícula desde retícula
en simetría central
para mostrar sin fisura alguna
este mundo agrietado.

Orín que orea la herrumbre,
tonos pardos que mejoran lo pintado
anonadan con sus imágenes
rotas, apedreadas por el tiempo.

A mis padres

Siguiendo el camino de la luz,
ascendiendo como polvo de estrellas
que somos, se llega a las alturas.
Aislada de lo demás, la existencia
solo se interrumpe por la voz de Dios.

Cuesta despertar del encantamiento
para percatarse de que no es sino el tañer
de la campana lo que me habla.

Desde la torre, sentado contra uno de sus muros,
bajo influjo de resonancias metálicas,
pienso que lo más cerca que he estado
del milagro de la vida ha sido siendo misterio
trino como hijo de dos personas únicas.

A Juan Alberto Pérez Chanduví

Como Jacob, quisiera
encontrar esa escalera
para acceder a lo divino.
Dejarme invitar
por los ángeles de Chagall
al ascenso de otra vida
futura y posible.

Pero en lugar de huir
de la muerte,
negritud del no existir,
la escalera posible desciende.
Catacumbas de incertidumbre
y de mis pesadillas.

Refectorio

Llegó la hora de conversar con los hermanos,
siempre están, esperan el reencuentro
como si nunca los hubieses abandonado.
Comen de sus platos, conversan en voz baja,
mientras escuchamos lecturas y músicas
que suenan, por encima de nosotros.

Son amigos que parecen huir
de las telas de Zurbarán,
porque lucen mejor pintados.
Por sus actitudes, se asemejan más
a los apóstoles de Leonardo.
Cada uno representando
su propio símbolo en su misterio.
Es bello entrar en aquel cuadro,
convertirme en uno, dejar a su escena fluir.

Este es su relato.

A Javier Ramírez Serrano (San Felipe)

Hasta donde llega la memoria
representas la presencia más duradera:
barniz que no amarillea ni craquela
lo que preserva.

Fuiste grieta necesaria
en tantos momentos
en que la luz no llegaba.
Oráculo mortal, la verdad guía tu espíritu
sin dudar a pesar del dolor,
sin máscaras nunca.
Palabra que sanas, que orientas por inspiradora,
te debo mucho de lo que soy.
Gracias por tanta fortuna.

Felipe pidió a Jesús en la Última Cena
que les mostrara al Padre Eterno,
y tú separas, sin levantar el dedo,
las nieblas, despejando la verdad
con tu envidiable clarividencia.

A Ignacio Huerta Bravo (Santo Tomás)

Burlón como Luciano de Samósata,
pintor de brocha gorda y empaste,
eres Lucian Freud pintando a Eisenstein
(en vez de una calavera,
sostiene su propia cabeza mientras
como un osario sonríe).

Desconfías siempre,
como Santo Tomás,
e insistes, como él,
en meter el dedo en la llaga.

Del realismo al tremendismo
y de la sonrisa desdentada
—Pasolini fuera del fotograma—
al monigote codornicesco.
¡Pobre señora grave y gorda!
Nada parece ser suficientemente serio
en este mapa,
gobernado por títeres de cachiporra.

A Gonzalo Laborda Morata (San Lucas)

Toro del tetramorfo:
aunque no conociste a Dios,
te empeñaste en buscarlo
a través de sus huellas en la Tierra.

Hay muchos milagros
que hacen de este mundo algo único
y tú siempre me los muestras.

Ladrillo de vestigio mudéjar,
geografía de genios célebres,
desde Buñuel y Pepín
hasta Adriano de las Cortes.
Vienes de un *Imago Mundi*,
como un enclave que
parece por tu fantasía soñado.

Te conocí un día marcado en el calendario.
No parecía prometer nada nuevo,
pero allí estabas, esperando.
Desde entonces, muchos afectos
hechos de palabras
nos han rodeado.

Nuestros paseos orean la mente,
generan reflexiones,
como dirían los socráticos.
Se olvida el frío o la noche
y en el camino no existen los límites.

Querido Gonzalo,
de cuántas cosas hemos hablado mientras otras
nos siguen esperando.

Pronto seguiremos
dibujando en el aire
proyectos imaginados,
corrigiendo cuestiones de este mundo
tantas veces averiado.

Siempre con la esperanza, siempre,
nunca con paralizante incertidumbre.
La tarde en su ocaso y la noche
nos esperan, como deseoso escenario.

A Hugo González Aroca (San Andrés)

Tú eres la música, la pintura,
la escritura, la puesta en escena.
Pescador de almas,
recoges con tus redes llenas de palabras
la conciencia, y la entregas en la cena,
en esta mesa, para ser apreciada.

Te encontré trabajando en tu faena
en un pueblo sin mar, la vez primera.
Un agosto centrado en la meseta
nos acogió en un pueblo que dormía.

Junto a nosotros, otros convocados
que, aunque sin una moneda,
otras cosas, como nosotros, sí traían:
pinturas, lienzos y otros trastos.

Ese mes nos adentramos en los bosques,
subimos la montaña que todo lo dominaba,
jugamos en los billares de un bar,
cantamos e inventamos a la guitarra canciones:
dolores y esperanzas del corazón nos colmaban
en nuestro propio paisaje sentimental.

Al final, de ese grupo que fue inquebrantable
saltaron las costuras más pronto que tarde,
pues la vida, con su determinación, desune.
A nosotros en unión algo siempre nos depara.

Seguimos su dictado juntos, sabiéndonos enlazados
por un hilo invisible, pero bien cosido.

A Víctor Úbeda (San Mateo)

Me acompañaste al inicio de tantas mañanas,
cuando la luz aún era de las estrellas.
Cantábamos con nuestras risas
para hacer menos silenciosa nuestra tarea.

Un enorme vehículo nos transportaba
allá donde nuevas generaciones
impacientes (excesivamente vivas) esperaban.
Fingíamos ser especies de dioses
que moldeaban las nuevas formas
a pesar de la sequedad del barro
(o de su humedad excesiva).

Conoces la Historia. Eres su escriba,
como *Mattanyah* del hebreo,
don de Dios, su carnal lengua.

Nos conformaremos con ser recordados
a través de la palabra que talla,
duro trabajo, siempre con la gubia,
puliendo el oído de quien escucha.

A Víctor López (San Pedro)

Eres tú la conciencia de la cultura,
la necesidad de volver a ella
para no caer, como San Pedro,
en negarla.
Más que él eres su *taquígrafo*,
recogiendo en tus textos
testimonio de todo ello.

Porque ya hay demasiadas cosas en este mundo,
te niegas a crear otras nuevas, apostando por recordarlas.
Tu humildad es la que te dicta, desde el anonimato,
tantos textos como cosas deben ser rescatadas.

A Elena (Magdalena)

Gracias a ti, perdemos la gravedad
de todo cuanto hablamos.
Tú correteas entre unos y otros,
haciéndonos olvidar quiénes somos.
Representas la felicidad y alegría
en el trance de la *Última cena*.

Belleza transparente,
la claridad es tu vestidura
y a todos nos conviertes
en seguidores de tus enseñanzas.

No dejes nunca de amanecer la noche,
ilumina siempre esta estancia
donde siempre hay una fiesta,
donde siempre algo se celebra.

A Juan Carlos Vizcaíno (San Juan)

Reflejo del santo,
me bautizaste en tantas cosas
que siempre resplandeceré
de esa agua primera.

Representas ese decir las cosas claras,
sin caretas, sin temer perder lo que se tiene,
a fuerza de no casarte con nadie.
Razón insobornable que siempre lucirá
orgullosa, luminosa y soltera.

Porque la sensibilidad también está en la firmeza
y las cosas más firmes son cuanto más tiemblan,
siempre recogerás, como en la parábola, lo que siembras.

A José Bardera (San Simón)

Eres tal vez el más movido de la escena,
quien saldrá borroso en la foto
que haga Lola Gaos en *Viridiana*.

Siempre vuelves a mi lado:
por más vueltas que dé tu noria.
—Dime. ¿Adónde va tu barco ahora?
—No lo sé, pero siempre veo del palo la vela,
la soplo y llevo el timón firme,
aunque a veces solo se mueva.

Valiente en tu trayecto,
no olvides que siempre habrá una isla
esperándote aunque no haya puerto.

Y, aunque en ocasiones no estés,
siento que es más fácil cargar
con el peso de las cosas.
Como Simón, estarás en el final,
porque nunca abandonas.

A Francisco López Porcal (San Bartolomé)

Me ayudaste a ser fuerte
cuando flaqueaban las fuerzas,
resucitando al muerto
antes de que llegase su hora.

Patrón de los trabajadores,
curtes las pieles de quienes ayudas.
Son más tersas gracias a ti,
fino trabajo de manufactura.

A Zoilo Carrillo (Santiago)

Empuñas la espada,
apóstol brillante,
y en una de sus caras
refleja siempre la estela
el sol, apuntando en tu viaje
como antorcha sempiterna
el destino de tus pasos incansables.

¿Dónde estarás ahora?
Diste la vuelta al mapa
y te colocaste boca arriba,
siendo tu cabeza lo que
antes eran tus piernas.

Vivimos muchas cosas,
abrimos tantas posibilidades
en esta limitada andadura,
y con esas ilusiones
vivimos, a tumba abierta.

Sé que donde estemos
un flujo de conciencia nos unirá,
marcando subterráneos caminos
en nuestros encuentros.

Autorretrato (Judas)

Aunque soy Mateo, también era
como el colgajo de Miguel Ángel,
—San Bartolomé— en su Juicio Final,
el último y más bajo apóstol pintado:
Judas.

Nunca tuve bolsa con oro,
pero siento mi cobardía,
las veces que he podido traicionar
sin desearlo
(lo cual es aún peor).
Observo siempre al Dios humano
que podrá ser castigado por mi culpa,
observándome, recordando mis faltas.

Al Divino Cristo de Benlliure (para Lucrecia Enseñat)

Le miro y vuelvo a ser niño,
recordando que, de guardar creencia,
se la debo a él, la figura ejemplarizante
mejor creada de todas.

Talla donde no se encuentra rastro de gubia,
tan humana es.
Me enseñó la dignidad hecha madera,
no queda atisbo de sangre,
y su mirada, penetrante, interroga serena.

Sensualidad y belleza de los años cuarenta
en una España blanquinegra,
tus hombros destacan sobre la túnica, Apolo cristiano.

Así lo quiso el maestro,
imaginero
en su última hora.

En el claustro

A Rosa Campos Gómez

Llegada al oasis.
Piso su vergel, llego a su centro.
Asomado al pozo,
profundidad infinita,
detecto los cánticos.
Reverberando el agua, al fondo,
pujando por ascender, huida
del ahogo.
Aflora la voz plena de recuerdos,
asonada que ya no temo.
Mi voto de silencio
promueve la escucha del pasado.
Reconciliado con lo que ya no es
y no puede dañar, en ellos me mezco.
Al fin y al cabo,
soy lo que soy gracias a ellos.

A Marian Salgado

Esta representación de la Naturaleza,
acobardada por el Hombre
que, cultivándola, piensa en Dios,
me recuerda
que, fuera, crece salvaje sin miedo a morir
por falta o exceso de agua.
Remite con su presencia
a lo que dejé con mi enclaustramiento allá,
por voluntad propia.
Ese paisaje exterior es más perfecto
que lo que aquí se intenta
domesticar, buscando su raíz cuadrada.
Desde este cuadrado de tierra se oye
la voz de otros labradores
que celebran sus fiestas,
y yo, borracho de soledad,
busco mi propia independencia.

Aquí me quedo.
Nuevo Conde de Albrit,
permanezco como huésped obligado.
Cuando todo termine
saldré de aquí,
convertido en alguien nuevo.

Franciscanos somos
y en el final del camino nos encontraremos,
sin nada más llevar
que la mortaja de nuestros cuerpos.

A Ángel Borreguero

Paseando por los soportales,
observo con ellos, en los capiteles,
la lascivia.
Posturas imposibles
de formas que quienes miran
envidian.
Quisieran transmutarse en monstruos
y olvidar la serenidad que encarnan.
Pero siguen su camino, en fila,
Ora pro nobis, repiten en voz baja.

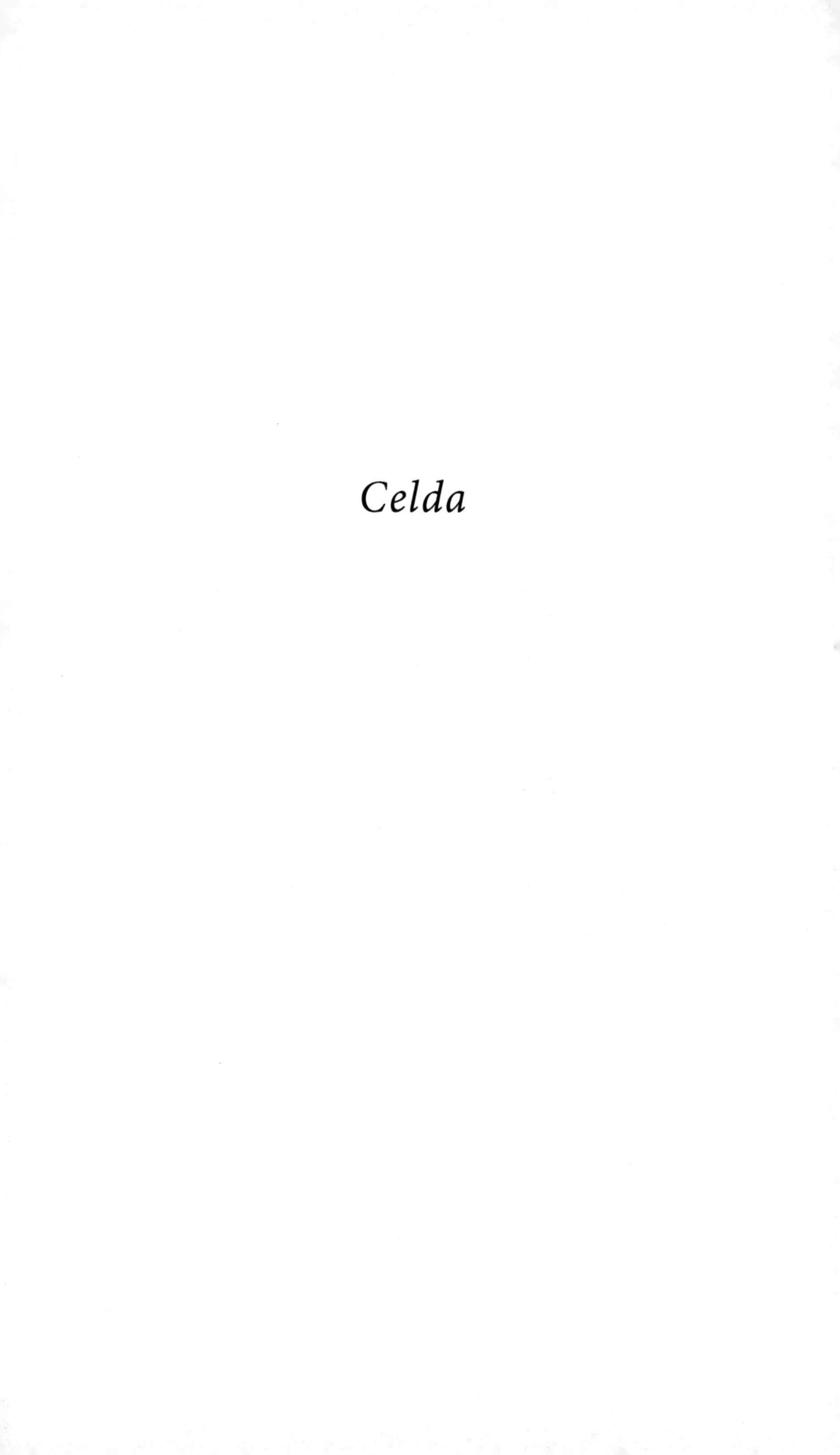

Celda

Celda: nombre que remite al condenado,
a la pobreza y aislamiento
abocado.
Los únicos votos
a los que necesariamente,
cada cierto tiempo, debemos volver.

Pero la muerte es… sólo una palabra que se queda
atrás cuando se ama. El que ama, arde.
Y el que arde, vuela a la velocidad de la luz.
Porque amar es ser lo que se ama.
José Val del Omar

Somos vecinos de celda,
compañeros en esta prisión
buscada.
De tu jaula áurea y austera
escapas en *tourbillon*
con tu poética alada.

Vuela
la mente, en forma
de imágenes táctiles,
sonidos envolventes,
papeles [en–cola–
dos] y poética mística.
Todo tu mundo resuena
dentro de ti,
mientras sigues aquí,
con tu bata por túnica.

Déjame entrar en tu laboratorio en penumbra,
aprender tu alquimia de soledad y música.
Vives en el proyector de tu ciencia,
en la luz del conocimiento y la armonía.

Durante mis horas
de contemplación en soledad,
imaginé una pequeña escena íntima:

En la noche,
sobre la ventana desnuda
se corre la cortina.

Dicen que fuera hay pestes
mientras aquí dentro crecen las hierbas
que todo curan.
El conocimiento protegido
lejos de lo corrupto
y que su final supura.

Enclaustrados quedamos
a la espera de buenas nuevas.

Pandemario.
Pensamientos en palabras
para un mundo en silencio

Llegó, después del ligero,
el largo y profundo sueño.

Días como piezas de bisagra
aquellos, cercanos y lejanos
simultáneamente, fueron.
Cerraban espacios y tiempos,
su pasado remarcando.

Atrás dejaron tantas cosas,
y, sin embargo,
abrieron —prodigiosas— otras.
Sin darse uno cuenta, me transformaron.

Ahí está:
sonido
de pasos
detrás de la puerta.
Alimento envuelto en una cápsula,
dentro de una bolsa
cerrada a conciencia.

Como un prisionero,
o, peor,
un condenado a muerte.
Se le sirve la comida
en su celda, sin saber
cuál de los dos
—carcelero o encarcelado—
acabará enfermo.

El valle de los leprosos
donde madres y hermanas
esperan a Judah.

Desde el silencio y la quietud observo:
humanidad ausente, letargo sumido
como en un cuento, el de la aguja
y el profundo sueño.

Dormís todos. Yo no puedo,
la incertidumbre obra su poder.
Lo inevitablemente terrible gira sus engranajes,
gran máquina que machaca con sus piñones.

Sólo me tranquiliza pensar que,
tras la muerte cercana y certera,
está también el silencio y reivindicación
del agua clara, los cisnes sobre las góndolas.

El color del mundo fundió
a blanco y negro.
De su penumbra iluminada paz,
la pantalla,
con un fotograma
de Ozu.

Primavera tardía
es un campo y una casa,
llegando lejana en el espacio y tiempo
hasta el salón.
Ellos y yo,
sentados en el suelo,
tomando té ante la mesa baja.

Despertar después, salir afuera.
Caminar hasta que las piernas no respondan.
Viajar, donde sea.

En la biblioteca: florilegio de miniaturas japonesas

Viajar sin moverse del mismo espacio,
sentado, leyendo un libro
escrito y pintado a mano
en la biblioteca del monasterio.

Sabiduría concentrada,
palabras que son imágenes encerradas
en un recuadro miniado.

De Hildegarda de Bingen, sibila del Rin,
ojos como fuegos, iluminados,
dibujos incendiarios que fueron incendiados,
en su degeneración, por los nazis,
reivindicaban la importancia de la mujer
en la iglesia, de la virgen y de la erótica.

Imposición sobre el hambre del hombre hacia la hembra,
demostrando que ellas también podían
devorar con voracidad lo que otros desean.

Sueño con sus imágenes, que me transportan
a las de un reciente viaje
a tierras niponas.
Doce días, veinticinco imágenes, como las vistas
hechas pinturas de un mundo flotante.

Día 1

Lluvia de marzo
desde nuestra ventana.
Del cielo bajó
nuestra llegada.

* * *

Música en andén,
el tren llega en silencio.
El cuervo grazna
en Shinagawa.

Día 2

La chica es feliz.
Infancia idealizada,
olor antiguo y
fugaz como el té.

* * *

Leer omikuji
impreso en Asakusa.
No importa el texto,
la suerte está aquí.

Día 3

Bosque de cristal
emite muchas voces,
árboles altos
miran con su luz.

* * *

Al mirar aquel
laberinto de color
—mapa infinito—,
me sentí en tu hogar.

Día 4

En color rojo
escribiste mi nombre.
Madera de ola
son estos kanjis.

* * *

Pétalos rosas
de la precoz sakura,
viento cálido
de la mañana.

Día 5

Sopló el pasado
cruzando Nihonbasi.
Barcas antiguas
de pescadores.

* * *

Con su mochila,
volvía el niño solo.
Su madre en casa
ya le esperaba.

Día 6

Bajo el cielo gris
reguero de paraguas,
como un dibujo
de Hiroshige.

* * *

La gran cabeza
tallada en el santuario
mira dormida
la alta pagoda.

Día 7

Éramos garzas
sobrevolando el monte
amarillento
por el azufre.

* * *

Imaginamos,
navegando el lago Ashi,
tras la niebla gris
el Monte Fuji.

* * *

Tori rojizo,
emerges del agua azul
como una boya
que salva mi alma.

Día 8

Kyo_to_kyo_to_kyo.
Uno enlaza con otro,
como un poema
encadenado.

* * *

Custodia el zorro
este lugar sagrado.
Dejé el deseo
con él colgado.

Día 9

Ciervos sagrados
motean de piel Nara:
sendero pardo,
presencias vivas.

* * *

Río nocturno.
Luces lamen el agua,
como hizo Monet
en pinceladas.

Día 10

Faces pálidas
en la pared colgadas.
Teatro kabuki,
mundo de sombras.

* * *

Tarde en Atami.
Bajo el falso castillo,
la adolescencia
celebra el haru.

Día 11

La lluvia en Tokyo
no esconde a los peatones:
como peces Koi
que brillantes andan.

* * *

Nakameguro,
la luz en los cerezos,
rosado río
de farolillos.

Día 12

Yo te despido,
País del sol naciente,
me llevo tu luz
hasta Occidente.

* * *

Laideronnette,
emperatriz de Ravel,
me acompañaste,
con tu música, el viaje.

Deambulatorio y salida

Extraños personajes de Escher
sububen y bajan a la vez
las imposibles arquitecturas.
Como en un limbo constante,
no pueden escapar
—ouroboro humano—
del carácter circular.

Todavía impregnada de tinta,
sale, del tórculo, la plancha.
Lo imprimirá las veces que sean necesarias
hasta que su mensaje haya calado
para el bien democrático de la ciudadanía.

Aplasta a quienes gobierna,
como el metal contra el papel,
sin saber que, un día,
los personajes le sobrevivirán,
echándole fuera del taller.

El mundo es una fiesta
y ya la catedral no se divisa.
Sólo es un punto en el campo,
recuerdo de un pasado
cada vez más difuso.

Índice

Vigilia

Vidrieras y campanile

Refectorio

En el claustro

Celda

Pandemario. Pensamientos en palabras para un mundo en silencio

En la biblioteca: florilegio de miniaturas japonesas

Deambulatorio y salida

Esta obra
se acabó de imprimir
con los auspicios de
Charo Fierro y
Antonio J. Huerga, editores

FINIS CORONAT OPUS